BEI GRIN MACHT SICH ··
WISSEN BEZAHLT

- Wir veröffentlichen Ihre Hausarbeit,
  Bachelor- und Masterarbeit

- Ihr eigenes eBook und Buch -
  weltweit in allen wichtigen Shops

- Verdienen Sie an jedem Verkauf

Jetzt bei www.GRIN.com hochladen
und kostenlos publizieren

Nina Schwitzky

Psychisch kranke Angehörige - Ein Familienproblem

Familiensoziologie

GRIN Verlag

Bibliografische Information der Deutschen Nationalbibliothek:

Die Deutsche Bibliothek verzeichnet diese Publikation in der Deutschen National-bibliografie; detaillierte bibliografische Daten sind im Internet über http://dnb.d-nb.de/ abrufbar.

Impressum:

Copyright © 2011 GRIN Verlag GmbH
Druck und Bindung: Books on Demand GmbH, Norderstedt Germany
ISBN: 978-3-656-41210-6

Dieses Buch bei GRIN:

http://www.grin.com/de/e-book/213060/psychisch-kranke-angehoerige-ein-famili-enproblem

Psychisch kranke Angehörige…

Ein Familienproblem?

Nina Schwitzky

Abgabe am 7.06.2011

SS 2011

Inhalt

1. Einleitung

Mit 22,4 Milliarden Euro Kosten durch psychische und Verhaltensstörungen sind diese Krankheiten, laut dem statistischen Bundesamt im Jahr 2002, auf dem vierten Platz der Behandlungskosten nach den Herz-Kreislauf-Erkrankungen, Krankheiten des Verdauungssystems und Krankheiten des Muskel-Skelett-Systems und Bindegewebes. Auf die Patienten unter 15, die 15% der Gesamtbevölkerung ausmachen, entfielen nur 6% der gesamten Krankheitskosten. Jeder dritte Euro wird hier für Krankheiten des Atmungssystems sowie der psychischen und Verhaltungsstörungen aufgewendet.

Diese Statistik zeigt, dass viele Familien einen psychisch kranken Angehörigen haben. Dadurch können innerhalb und außerhalb der Familie Konflikte und Krisen entstehen, unter den Familienmitgliedern oder mit ihrem Umfeld. Die Familien können sich ausgegrenzt fühlen oder sie grenzen sich durch Schuld- und Schamgefühle selbst von ihrem Umfeld ab.

Des Weiteren ist die Fachrichtung der Psychiatrie bzw. der Psychologie stärker von gesellschaftlichen Veränderungen geprägt, als zum Beispiel die klassische Schulmedizin. Daraus ergibt sich unter anderem eine sehr unterschiedliche Interpretation bestimmter Persönlichkeitsmerkmale unter veränderten gesellschaftlichen Voraussetzungen. So entstanden in der Entwicklung neue Krankheitsbilder und andere wurden in ihrer Definition verändert oder erweitert.

Mit diesen beiden Theorien wird sich die vorliegende Hausarbeit beschäftigen. So beschäftigt sie sich zu Beginn mit der Entwicklung der Psychiatrie und ihren elementaren Krankheitsbildern, sowie auch bei vorliegenden Informationen mit der Entwicklung der Unterbringung psychisch Kranker. Dabei werden die unterschiedlichen Epochen zum Teil tiefergehend betrachtet als andere. Die Zeit der Nationalsozialisten wird in der vorliegenden Hausarbeit bewusst nicht behandelt, da in dieser Zeit zwar im Bereich des Umgangs mit psychisch Kranken viel passiert ist, jedoch nichts, was die Entwicklung der Psychiatrie weiter gebracht hätte. In der Geschichte der Nachkriegspsychiatrie werde ich nicht gesondert auf die Entwicklung der Psychiatrie in der DDR eingehen.

Im letzten Abschnitt der Hausarbeit werde ich mich mit der Moderne beschäftigen und wie aktuell der Stand vor allem für die Familien mit psychisch kranken Angehörigen ist. Besonders betrachtet werden dort die Eltern von psychisch Kranken, da sie in der Angehörigenarbeit noch immer die häufigsten Ansprechpartner sind, obwohl es auch viele Kinder und Partner psychisch Kranker gibt, die jedoch noch relativ selten in der Angehörigenarbeit als Ansprechpartner anzutreffen sind.

2. Historische Entwicklung bis 1800

In unserem Kulturkreis wurden seit dem Altertum zwei wesentliche Erklärungsansätze für seelische Leiden entwickelt, dazu gehören eine naturhafte Erklärung und eine kulturelle Deutung. In der Frühgeschichte spielten auch Zauberei und Besessenheit eine nicht unwesentliche Rolle dabei, Visionen, Lähmungen, Angstzustände und Sprachstörungen zu erklären. Dabei wurden zur Behandlung lange Zeit religiöse, magische und natürliche Methoden eingesetzt. (vgl. Brückner 2010: 10-13)

Im 5. und 6. Jahrhundert wird eine von Hippokrates geprägte Medizin verbreitet. Dabei werden zum ersten Mal Begriffe wie „Manie", „Melancholie" und „Hysterie" geprägt. Wobei die Begriffe alle grundlegend das gleiche meinen, nämlich „Verrücktheit". (vgl. Brückner 2010: 15-17) Interessant ist, dass sich psychische Gesundheit und Krankheit schon zu dieser Zeit durch drei grundlegend überprüfbare Merkmale feststellen ließen, die Merkmale sind Arbeitsfähigkeit, soziale Einbindung und Zurechnungsfähigkeit. (vgl. Brückner 2010: 18-20) Obwohl es im Gegensatz zu heute noch keine standardisierten Testverfahren gab, sondern jeder Arzt nach eigenen Maßstäben gemessen hat.

Während der Zeit, die wir heute als Mittelalter kennen, lebten die Menschen in sogenannten Ständen. Dabei gab es unterhalb der Stände noch die Gruppe der Behinderten, Tagelöhner und Wohnungslosen. Es gab zum Beginn des Mittelalters innerhalb der Stände keinen großen Unterschied, wie mit „wahnsinnigen" oder auch „besessenen" Angehörigen umgegangen wird. Zwar gab es in den Spitälern der Städte zum Teil schon eigene Abteilungen für Wahnsinnige, jedoch oblag die Pflege meist trotzdem noch den nahen Angehörigen. (vgl. Brückner 2010, 27-31)

Die Menschen beurteilten sich gegenseitig sehr stark nach ihren Sünden und ihrem Glauben, von daher können "Mittelalterliche Visionsberichte [...], abhängig vom sozialen Kontext und dem Zustand des Betroffenen, als Krankheit, religiöse Inspiration oder Eingebung von Dämonen verstanden werden." (Brückner 2010, 31) Ein historisch sehr bekanntes Beispiel für diesen Zwiespalt war Jeanne d`Arc. Für die einen hatte sie göttliche Visionen und für andere war es Hexerei.

Daraus ergibt sich, dass nicht alle Menschen, welche wir heute als psychisch krank bezeichnen würden, im Mittelalter als Besessen und von Gott bestraft betrachtet wurden. Wenn sie trotz allem dem christlichen Glauben treu blieben, waren nicht die Priester, sondern Ärzte zuständig. Jedoch konnten sich im Mittelalter nur sehr wenige einen in abendländischer oder antiker Medizin ausgebildeten Arzt leisten. Die meisten gingen zu Barbieren oder Badern. Diese wurden in Volksmedizin ausgebildet, sie behandelten mit Hilfe von Aderlässe, Kräutern, Amuletten und Tinkturen. Es setzten sich zu dieser Zeit die „Krankheiten des Kopfes" durch, diese waren Manie, Melancholie, Phrenitis[1], Epilepsie und Hysterie. (vgl. Brückner 2010: 32-34)

---

[1] **Phrenitis** *bei den Alten*: Fieberdelirium, *jetzt*: Zwerchfellentzündung. (http://www.textlog.de/29540.html) (Dornblüth, Otto (1927): Klinisches Wörterbuch; 13/14 Auflage)

Während sich im 14. Jahrhundert das Mittelalter langsam dem Ende neigt, werden immer mehr Hospitäler nur für "Verrückte und Blöde" (Brückner 2010: 35) eröffnet und lösen so langsam die Familienpflege ab (vgl. Brückner 2010: 34-36).

Die „Krankheiten des Kopfes" wurden in der Renaissance (ca. 1450 bis 1600) näher definiert und verändert. Sie wurden als Störungen der „inneren Sinne" (Wahrnehmung, Verstand, Gedächtnis) verstanden. Wobei die Hysterie keine Bedeutung mehr hatte und sich Manie und Phrenitis durch das Auftreten von Fieber und Entzündungen unterschieden, so kam beides bei Manie nicht vor. Des Weiteren wurde das Delirium als Bezeichnung für akute und tiefgehende Verwirrungen eingeführt. Und Melancholie wurde zu einem Erklärungsansatz für verschiedenste Lebenskrisen. (vgl. Brückner 2010: 37-38 und 43-49) So kannte die Renaissancemedizin "neben der Volksmedizin komplexe schulmedizinische [...] Erklärungen auf der Grundlage des antiken Wissens und der Temperaturlehre mit Schwerpunkt auf der Melancholietheorie." (Brückner 2010: 49)

Während des Reformationskrieges (1517 bis 1648) wurde die öffentliche Fürsorge, durch steigende Preise und Missernten und auf Grund der großen sozialen und wirtschaftlichen Probleme für Familien, immer wichtiger für die Betreuung und Unterbringung von psychisch auffälligen Menschen. Jedoch war die Aufnahme ins öffentliche Fürsorgesystem sehr schwierig, wenn die Arbeitsfähigkeit des Patienten eingeschränkt war. In Deutschland entstand in Haina in Hessen in einem ehemaligen Zisterzienerkloster ein Hospital in dem neben "Kranken und Behinderten auch 'wahnwitzige, mondsüchtige, sinnverrückte und besessene arme Leute' aufgenommen [wurden], häufig galten sie als unheilbar." (Schmitt 1997, 32: aus dem Artikel von Vanja) (vgl. Brückner 2010: 49-51)

Zu der Zeit wurde in London das wohl bekannteste und berüchtigtste Irrenhaus gegründet, in welchem die Insassen auf Stroh vor sich hin vegetierten und in welchem sich Besucher gegen Eintritt umsehen konnten. Das Londoner Königliche Hospital St. Mary of Bethlehem wurde zwar schon 1274 gegründet, aber erst im 16. Jahrhundert wurden mehr als 20 Plätze eingerichtet. Das Wort Bedlam ist als Wort für Verwirrtheit in die englische Sprache eingegangen. (http://www.uni-protokolle.de/Lexikon/Bethle-hem_Hospital.html und Brückner 2010: 50)

In den beiden folgenden Jahrhunderten, die heute von uns als Barock (ca. 1575 -1800) bezeichnet werden, beeinflusste ein starker Fortschrittsgedanke die Idee von der Lehre und der Behandlung von psychisch Kranken. Es entstanden erste Klassifikationssysteme, die an die Botanik erinnerten. (vgl. Brückner 2010: 54-55)

> "Zudem entstanden in ganz Europa zahlreiche, auf behördliche oder private Initiative gegründete Einrichtungen, in denen man Wahnsinnige behandelte und in denen sie gemeinsam mit sozial Verelendeten oder Kriminellen festgehalten wurden. Gegen Ende des 18. Jahrhunderts entwickelte sich die Idee, eine Teilgruppe der Insassen könnte zur Vernunft zurückgeführt werden. Mit dieser Idee der Heilbarkeit bestimmter Arten des Wahnsinns entstand um 1800 die moderne, klinische Psychiatrie." (Brückner 2010: 55)

Der schottische Professor der Medizin William Cullen teilte die seelischen Störungen ohne Fieber und sichtbare anatomische Veränderungen in vier Kategorien ein. Das waren die komatösen Krankheiten (z.B. Schlaganfälle, Lähmungen), Entkräftungskrankheiten (z.B. Ohnmacht, Verdauungsbeschwerden, Hypochondrie), Krämpfe (z.B. Epilepsie, Tollwut, Hysterie) und Gemütskrankheiten (z.B. Verstandesschwäche, Manie, Melancholie). Es gab verschiedene Klassifikationen, welche im gesamten viele tausend Krankheitskategorien umfassen konnten. (vgl. Brückner 2010: 55-61)

Als Ursache für die „klassischen" Krankheitsbilder Manie und Melancholie wurden gegen die Nerven drückende Blutströme vermutet. Diese Theorien der Blutströme und Nerven wurden für einige Krankheitsbilder gefunden.

Philippe Pinel[2] entwickelte in der Pariser Sammelanstalt Bicétre eine „paternalistische[3] Milieutherapie" mit einer heimatferner, ruhigen Unterbringung, strengen Diäten, körperlicher Arbeit und strengen Regeln. Mit diesem Ansatz war Pinel so erfolgreich, dass er auch heute noch als einer der Gründerfiguren der klassischen Psychiatrie gilt. (vgl. Brückner 2010: 68-72)

3. Entwicklung von 1800 bis 1930

Im 19. Jahrhundert brachten zwei Ideen einen Wandel in die Entwicklung der Psychiatrie, zum Einen kam die Idee der erblichen Degeneration auf und zum Anderen die Idee der Nerven- und Gemütsleiden.

Die Theorie der erblichen Degeneration besagt, dass seelische sowie psychische Leiden und Irrsinn von Generation zu Generation innerhalb einer Familie vererbt werden und sich sukzessiv verstärken. Auf diese Theorie werden sich die Nazis stützen, um die T4-Aktion und den Holocaust zu begründen. (vgl. Shorter 2003: 148) Nerven- und Gemütsleiden sind eher durch die Familien der Patienten beeinflusste Entwicklung, denn man brachte seine Angehörigen nicht mehr wegen „Irrsein" zum Arzt, sondern wegen einem Nervenleiden. Dadurch wurden diese Patienten häufig nicht mehr in die Anstalten eingewiesen und fielen auch nicht dem Stigma der Degeneration zum Opfer. (vgl. Shorter 175 – 176)

> "Auch bei den Eltern eines zutiefst melancholischen jungen Zürichers stieß der Vorschlag, ihren Sohn in eine Anstalt einzuweisen auf wenig Begeisterung: `Es ist einfach rücksichtslos von ihm, daß er sich nicht zusammenreißt... Seine drei Schwestern kommen in das heiratsfähige Alter, und [eine Einweisung] würde ihre Bewerber mit Sicherheit verschrecken. Niemand will in eine Familie mit Geisteskrankheit einheiraten." (Shorter 2003: 177-178)

Hier wird deutlich, dass durch die Degenerationslehre nicht nur die Einweisung eines Angehörigen, sondern alleine die drohende Diagnose die Verwandten in Schwierigkeiten brachte. Außerdem öffneten die Nervenkrankheiten den Ärzten, die vorher in den Heil- und Pflegean-

---

[2] Philippe Pinel (1745-1826) war Psychiater, Pathologe, Philosoph und Physiker in Frankreich. (http://www.onmeda.de/lexika/persoenlichkeiten/pinel.html Stand: 31.05.2011)

[3] Paternalistische: (von lat. Pater = Vater) Paternalismus: das Bestreben [eines Staates], andere [Staaten] zu bevormunden. Paternalistisch: den Paternalismus betreffend, für ihn charakteristisch: bevormundend. (Fremdwörterbuch/Duden 2001: 738)

stalten arbeiteten den Weg in wesentlich lukrative Privatpraxen und zu der Möglichkeit als Facharzt in den aufkommenden Kurbädern zu arbeiten, dorthin wurden vor allem die wohlhabenden psychischen Kranke gebracht, damit sich ihre Nerven beruhigen können. (vgl. Shorter 2003: 176-180)

In diesem frühen Stadium der psychiatrischen Behandlung wurden soziale, psychisch und somatische Beschwerden mit dem zu dieser Zeit adäquaten Methoden behandelt, dabei wurden bei schwerwiegenden Fällen auch schon mal gewaltsame und grausame Mittel gewählt. (vgl. Brückner 2010: 78-84)

Einen sehr großen Schritt in Richtung moderner Psychiatrie ging es, als die Trennung von „unheilbaren" und „heilbaren" gelockert wurden. Und im Jahr 1845 veröffentlicht ein gerade mal 28-jähriger Assistent namens Wilhelm Giesinger an der Tübinger Medizinischen Klinik ein Werk mit dem Titel „Die Pathologie und Therapie der psychischen Krankheiten". Dieses Werk gilt als erste vollständige Verbindung von den praktischen und theoretischen Grundlagen der Psychiatrie. Giesinger entwickelte eine ICH-Psychologie und half dabei die Versorgungsstruktur innerhalb der Gemeinden zu fördern. (vgl. Brückner 2010: 99-103)

Zum Ende des 19. und zum Beginn des 20. Jahrhunderts wurde zunehmend über die „Irrengesetzgebung" diskutiert. Bismarck versuchte durch die Einführung der heutigen Sozialversicherungen (Krankenversicherung [1883], Unfallversicherung [1884], Alters- und Invaliditätsversicherung [1889]) auch die Lage in den psychiatrischen Anstalten zu verbessern, jedoch waren immer noch viele Patienten und Patientinnen nicht sozialversichert und sozial schwach. Schließlich forderte der Deutsche Reichstag 1897 eine einheitliche Regelung des Unterbringungsrechtes. 1924 scheiterte in der Weimarer Republik das einheitliche Unterbringungsrecht zum zweiten Mal und bis heute gibt es keine einheitliche Regelung in Deutschland. (vgl. Brückner 2010: 106-108)

Im beginnenden 20. Jahrhundert waren zwei Männer ganz besonders an der Entwicklung der Psychiatrie und den Behandlungsmethoden beteiligt, das waren Emil Kraepelin (1856-1926) und Sigmund Freud (1956-1939). Zwischen den beiden gab es nie einen Dialog über ihre Erkenntnisse, da beide mit sehr unterschiedlichen Zielgruppen arbeiteten.
Kraepelins Hauptwerk war das „Lehrbuch der Psychiatrie", welches bis 1915 aus drei Bänden bestand. Besonders war Kraepelins frühes Interesse an der Experimentalpsychologie, der Entwicklung eines Klassifikationssystems und sein sozialpolitisches Engagement.
Sigmund Freud entwickelte die Psychoanalyse. Er arbeitete mit neurotischen Patienten. Freud war der Überzeugung, dass die psychischen Probleme in dem Zusammenspiel oder eben auch Nicht-Zusammenspiel von dem Ich, dem Es und dem Über-Ich begründet liegen. Er nutzte zur Behandlung Gespräche, Traumdeutungen und analytische Behandlungen zur Heilung, jedoch bedarf dies viel Erfahrung und ein sehr intensives Arzt-Patient-Verhältnis. Er gilt als Wegbereiter der modernen Psychotherapie.
Als Vermittler zwischen den Ansichten von Kraepelin und Freud gelten Karl Jaspers (1883-1969) und Eugen Bleuler (1857-1939). Jaspers veröffentlichte 1913 an der Heidelberger Klinik seine „Allgemeine Psychopathologie". Als sein Verdienst wird es gesehen, dass er psychologisch verstehbare von naturwissenschaftlich erklärbaren Symptomen unterschied. Bleuler hingegen entwickelte das Krankheitsbild der Schizophrenie weiter. So differenzierte

7

er zwischen Grundsymptomen und nicht obligatorischen weiteren Symptomen. Er entwickelte eine Einteilung des Krankheitsbildes in Unterformen, welche noch heute im ICD[4] Verwendung finden. (vgl. Brückner 2010: 109-121)

Die Patienten wurden in den Anstalten häufig zu Beginn ihres Aufenthalts einer sogenannten „Bettbehandlung" unterzogen, dabei wurde ihnen eine mehrtägige Bettruhe verordnet. Die meisten Patienten schliefen in großen Sälen. Auch waren stundenlange warme Bäder eine Behandlungsmethode.

Eine weitere Methode, die zu dieser Zeit häufig bei psychotischen Symptomen angewendet wurde, ist die Behandlung mit künstlich ausgelösten Krampfanfällen. Ab 1927 wurden die Krämpfe durch Insulin ausgelöst. 1929 nutzte man dann das Medikament Cardiazol zum Auslösen der Krämpfe und ab 1938 stiegen sie auf Elektrokrampfbehandlungen zurück, wobei die Krämpfe durch Strom ausgelöst wurden. Diese Therapieform wurde bis 1950 sehr intensiv genutzt.

1935 wurde die Psychochirurgie als Fachgebiet eingeführt. Die Ärzte führten hier Leukotomien durch. Bei diesem Verfahren werden durch eine Operation Hirngewebe unwiederbringlich zerstört, dies führte allerdings häufig zu massiven Persönlichkeitsveränderungen.

Gustav Kolb (1870-1938), damals Anstaltsdirektor in Erlangen, setzte auf die traditionelle Familienpflege als ambulante Nachsorge. Des Weiteren führte er Sprechstunden zur ambulanten Betreuung und Hausbesuche ein. Sein Ziel war eine möglichst schnelle Integration der Patienten in ihre Herkunftsfamilie.

In den Heil- und Pflegeanstalten Warstein und Gütersloh wurde unter Hermann Simon im Jahr 1914 auf eine Erneuerung und Ausdehnung der Arbeitstherapie gesetzt. Die Patienten wurden nach ihrer Arbeitsfähigkeit eingeteilt und sollten einer für die Gesellschaft nützlichen Tätigkeit nachgehen.

In den Jahren zwischen 1922 und 1932 entstanden in Deutschland viele Beratungsstellen, zum Beispiel zur Arbeits-, Berufs- und Erziehungsberatung. Es entstanden alleine ca. 400 Sexualberatungsstellen.

Die Zahlen der stationären Behandlungen gingen stark zurück, dazu trug auch die Weltwirtschaftskrise nach dem ersten Weltkrieg bei. (vgl. Brückner 2010: 121-124)

Die Zeitspanne von ca. 1933 bis 1945 werde ich an dieser Stelle nicht weiter erläutern, weil sie die Psychiatrie in ihrer Entwicklung in Deutschland stoppte und die Entwicklung in den Nachkriegsjahren eher von den Besatzungsmächten geprägt wurde.

---

[4] **Internationale statistische Klassifikation der Krankheiten und verwandter Gesundheitsprobleme (ICD**, engl.: *International Statistical Classification of Diseases and Related Health Problems)* (http://de.wikipedia.org/wiki/Internationale_statistische_Klassifikation_der_Krankheiten_und_verwandter_Gesundheitspr obleme)

4. Die moderne Entwicklung

In der Nachkriegszeit blieb die Psychiatrie erst mal ein Ort der Verwahrung und der Verwahr-
losung der Patienten. Dies änderte sich aber in den nächsten Jahren sehr schnell. Durch die
Entwicklung von Psychopharmaka konnten Patienten besser behandelt werden und die Bedingungen in den Psychiatrien wurden besser. Zu erwähnen ist hier auch, dass vor allem
auch die Angehörigen einen großen Teil dazu beitrugen, dass sich die Bedingungen für die
Patienten verbesserten. So entstanden in Deutschland Angehörigengruppen, die sich auch
für die Patientenrechte stark machten.

1950 wurde zufällig entdeckt, dass Chlorpromazin, welches als antiallergisches Mittel entwickelt wurde und in der Erprobung war, eine antipsychotische Wirkung hat. In Folge von intensiver Forschung wurde 1957 Haloperidol als zweites antipsychotisches Mittel entdeckt.

Eine weitere Zufallsentdeckung war die Wirkungsweise von Imipramin, welches eigentlich
bei Schizophrenie wirken sollte, aber eine antidepressive Wirkung hatte.
1960 wurden die ersten Tranquilizer eingeführt, hier als erste Librium. Tranquilizer wirken beruhigend, angstlösend und entspannend. Neben den chemisch hergestellten Tranquilizer gibt
es auch natürliche - diese sind Baldrian und Johanniskraut. Tranquilizer können auf Grund
ihrer angstlösenden und entspannenden Wirkung zu einer schnellen Gewöhnung und Ab-
hängigkeit führen.
Später wurden einige weitere Neuroleptika entdeckt, die Wirkstoffe Risperidon, Olanzapin,
Zotepin, Quetiapin, Amisulprit und Ziprasidon. (vgl. Bundesverband der Angehörigen psychisch Kranker e.V. (Hg.) und als Autoren Hoffmann-Richter und Finzen 2001: 122-123)

Zusammenfassend lässt sich festhalten, dass es derzeit vier Gruppen von Psychopharmaka
gibt, welche nach ihren Hauptwirkungsweisen eingeteilt werden, als Antidepressiva, Neuroleptika, Stimulanzien und Sedativa.
Antidepressiva hellen die Stimmung auf und verbessern so die allgemeine Stimmungslage.
Zusätzlich können sie je nach Wirkstoffen und Kombinationen dieser beruhigen, sedieren,
den Antrieb steigern, Ängste vermindern und Zwänge reduzieren. Einsatzgebiet der Antide-
pressiva sind Depressionen, Zwänge, Antriebsschwäche, Angstzustände und manchmal bei
Schlafstörungen oder chronischen Schmerzen. Jedoch können sie je nach Einsatzgebiet
auch sehr schwerwiegende Folgen haben. So setzt die Antriebssteigerung meist vor der
Stimmungsaufhellung ein, so dass die Suizidgefahr bei Behandlungsbeginn erhöht wird. Die
Einführung solcher Medikamente erfolgt in der Regel stationär in der Psychiatrie.
Neuroleptika werden in hochpotente, mittelpotente und niederpotente Neuroleptika unterteilt.
Hochpotente Neuroleptika haben eine gute antipsychotische Wirkung, sie gleichen Stimmungsschwankungen aus und lösen die innere Anspannung, jedoch können sie sehr starke
motorische Nebenwirkungen haben. Sie wirken kaum beruhigend, sedierend und nur leicht
antriebshemmend. Niedrigpotente Neuroleptika oder auch atypische Neuroleptika, sind meist
neuere Medikamente bzw. Wirkstoffkombinationen. Sie wirken stärker sedierend und antriebshemmend, dafür haben sie eine geringere antipsychotische Wirkung. Sie haben häufig
weniger Nebenwirkungen als hochpotente Neuroleptika und werden, wenn es Erfolgsver-
sprechend ist, eher eingesetzt. Nebenwirkungen sind meist vegetativer Art, zum Beispiel

Mundtrockenheit, Herzrasen oder Durchfall. Neuroleptika werden bei Psychosen, affektiven Störungen, schweren Zwangsstörungen, dissozialen Störungen, starken Erregungszuständen, sehr starken ADHS, selbstverletzendem Verhalten und extremen Aggressionen eingesetzt. Ebenso bei Halluzinationen, Denkstörungen, Wahnvorstellungen, Bewegungseinschränkungen und psychotischen Symptomen. Die antipsychotische Wirkung setzt häufig erst nach zwei bis drei Wochen ein, es besteht die Möglichkeit ein Depotpräparat ins Muskelgewebe zu spritzen, welches, je nach Präparat, bis zu vier Wochen wirken kann. Neuroleptika sollten über einen Zeitraum von ein bis zwei Jahren eingenommen werden, um Rückfälle zu vermeiden. Das zu frühe und nicht abgesprochene Absetzen von Neuroleptika ist der häufigste Grund für Rückfälle.

Sedativa wirken beruhigend, sie entspannen seelisch wie körperlich, sie mildern Ängste, fördern den Schlaf oder erzwingen ihn bei höheren Dosen. Sie werden bei Angststörungen und starken Erregungszuständen eingesetzt, sie können relativ schnell abhängig machen und können bei abruptem Absetzen zu lebensgefährlichen Atem- und Herzbeschwerden führen. In der Regel werden sie nicht länger als 14 Tage verschrieben. Pflanzliche Beruhigungsmittel und Entspannungsmittel sind Baldrian, Hopfen, Melissenblätter und Johanniskraut.

Stimulanzien verbessern die Aufmerksamkeit, Merkfähigkeit, Impulskontrolle, Verhaltenssteuerung und Konzentration. Sie sind absolute Wachmacher und werden bei hyperkinetischen Störungen des Sozialverhaltens und beim Aufmerksamkeitsdefizitsyndrom verschrieben. Nebenwirkungen sind häufig Appetitstörungen, Herzrasen, Schlafstörungen, Übelkeit, Bluthochdruck, Kreislaufprobleme und Kopf- und Bauchschmerzen. Es kann aber auch zu Stimmungsschwankungen, Tics, Depressionen, Bewegungseinschränkungen und Ängstlichkeit kommen. Stimulanzien fallen unter das Betäubungsmittelgesetz. (vgl. Baierl 2009: 62-65)

Eine weitere neue Entwicklung war die Sozialpsychiatrie und die Gemeindepsychiatrie; die Voraussetzungen dafür waren in den 1950iger Jahren entstanden. Das Ziel dieser Bewegungen war eine „vernetzte, multiprofessionelle Versorgungslandschaft" (Brückner 2010: 136) die schon einige Jahre vorher International als Standard anerkannt war. Die Vorbilder dazu kamen hauptsächlich aus England und Amerika und lassen sich anhand der Entwicklung der stationären Betten beobachten. So gab es laut Brückner 1955 in Westdeutschland 90.000 stationäre Betten, 1970 einen Höchststand von 117.000 Betten und 2010 gibt es nur noch ca. 53.000 stationäre Betten. Die Grundlage dieser Psychiatriereform liegt auf einer patientenorientierten Psychopathologie[5] und eines ganzheitlichen Menschenbildes. (vgl. Brückner 2010: 136-138)

Diese Reform und die Kritik, auch von Fachleuten und Angehörigen an den veralteten Gebäuden, der Unterfinanzierung, dem Personalmangel, kaum Rehabilitationswege für die Patienten und die starren klinischen Hierarchiestrukturen regten in den 60iger und 70iger Jahren weitere Veränderungen in der Psychiatrie an. Außerdem wurde immer wieder kritisiert, dass die Psychiatrie eine Institution der sozialen Ausschließung ist. So entstanden zu dieser Zeit in Westdeutschland 250 psychiatrische Gemeindezentren, mit stationären Abteilungen,

---

[5] Psychopathologie ist die Lehre der psychischen Erkrankungen.

Nacht- und Tageskliniken, Ambulanzen und Rehabilitationsdiensten. (vgl. Brückner 2010: 138-139)

In den Jahren ab 1970 formierte sich die Deutsche Gesellschaft für Soziale Psychiatrie (DGSP), welche unter der Leitung von Caspar Kulenkampff dem Deutschen Bundestag eine Bestandsaufnahme und Reformvorschläge für die Psychiatrie überreichte. Sie empfahlen die Gleichstellung von psychisch und somatisch Kranken, den Aufbau einer gemeindenahen Versorgung und eine bedarfsgerechte, präventive und nachsorgende Hilfe für Patienten und Angehörige. Die DGSP schlug auch ein „Standard-Versorgungsgebiet" für jeweils 250.000 Einwohner vor. So sollte es in diesem Gebiet ambulante Dienste, z.B. niedergelassene Psychologen und Sozialpsychiatrische Dienste geben, ebenso stationäre und teilstationäre Hilfen, so z.B. Akutkliniken und Tageskliniken, sowie daran anschließende und unterstützende Einrichtungen, als Beispiel Heime, berufliche Rehabilitationseinrichtungen, Kontakt- und Begegnungsstätten. Diese angestrebte Infrastruktur etablierte sich in den 80iger Jahren. Gleichzeitig vermehrten sich Selbsthilfeinitiativen von ehemaligen Patienten und Patientinnen. Weitere Eckpunkte für die Verbesserung der Psychiatrien und der Lage der Patienten ergab sich 1991 aus der Psychiatrie-Personalverordnung, daraus ergaben sich eine Aufstockung des Personals und ein weiterer Bettenabbau. 1992 wurde das Betreuungsrecht verändert - so entstand der Beruf des gesetzlichen Betreuers und 1998 wurde das Psychotherapeutengesetz auf den Weg gebracht, in diesem wurde die berufs- und kassenrechtliche Gleichstellung der psychologischen Psychotherapeuten geregelt. Im Jahr 2000 wurden die Soziotherapie und 2005 die ambulante psychiatrische Pflege versicherungsrechtlich anerkannt. 2008 wurde das „persönliche Budgets" für psychisch Behinderte eingeführt, dadurch kann der Patient selbst mehr Einfluss auf die Mittelverteilung nehmen. (Brückner 2010: 140-143)

Ein weiteres Modell, welches in den 90iger Jahren entwickelt wurde, ist das biopsychosoziale Modell. Die Grundidee ist, dass biologische, psychische und soziale Aspekte sich addieren und miteinander wirken und das sich daraus eine Handlungsnotwendigkeit für unterschiedlichste Berufsgruppen ergibt, sowie eine arbeitsteilige Forschung in unterschiedlichsten Fachgebieten. Dazu gehört auch die 1994 durchgesetzte Teilung von Nervenheilkunde in Neurologie, Psychiatrie, Psychotherapie und Psychosomatischer Medizin. Es sollen also Sozialarbeiter, Pflegekräfte, Therapeuten und Ärzte miteinander zum Wohle des Patienten arbeiten. Dazu gehören fachrichtungsübergreifende Gespräche miteinander und ein gemeinsames Planen der Arbeitsschritte unter Einbeziehung des Patienten und seiner Angehörigen. (Brückner 2010: 143-145)

1970 treffen sich zum ersten Mal Angehörige von psychisch Kranken zu regelmäßigen Gesprächskreisen in Deutschland, diese Treffen finden in Stuttgart statt. Aus einem ersten Treffen im Wohnzimmer eines Angehörigen folgte ein Umzug in das Gemeindehaus der Stiftskirche in der Urbanstraße, wo auch heute noch die Treffen der „Aktionsgemeinschaft Stuttgart der Angehörigen psychisch Kranker" stattfinden. Angeregt wurden die Treffen von einer Mitarbeiterin beim Diakonischen Werk und einer Mutter eines psychisch kranken Sohnes. 1975 wurde der eingetragene Verein gegründet. Einen großen Einfluss auf diese Entwicklung nimmt die Evangelische Akademie in Bad Boll in der Nähe von Stuttgart, welche 1969 erstmals eine Tagung für Angehörige veranstaltete, diese Tagung wurde jährlich abgehalten und findet auch heute noch statt.

Der Dachverband Psychosozialer Hilfsvereinigungen e.V. wurde 1976 gegründet und ist der Zusammenschluss von gemeindepsychiatrischen Bürgerinitiativen, Gruppen und Hilfsvereinen. Hier wurde 1982 der Arbeitskreis Angehörige ins Leben gerufen und im gleichen Jahr wurde das erste Bundestreffen für Angehörige psychisch Kranker in Bonn abgehalten. In diesem Jahr erschien das Buch „Freispruch für Familien" im Psychiatrie-Verlag, es wurde von professionellen Wegbegleitern der Angehörigenbewegung herausgegeben. (vgl. Bundesverband der Angehörigen psychisch Kranker e.V. (Hg.) und als Autoren Deger-Erlenmaier, Wlater und Lisfsky 2001: 164-167)

Es entstanden nun in den Bundesländern Landesverbände der Angehörigen psychisch Kranker und am 8. Juni 1985 wurde der Bundesverband gegründet. Seine Ziele sind in der Satzung formuliert und beziehen sich auf die Aktivierung von Selbsthilfekräften, Förderung der Kommunikation von Angehörigen und Mitarbeitern von Einrichtungen, Ausrichtung von Veranstaltungen und die Einflussnahme auf die Politik, um nur einige zu nennen. (vgl. Bundesverband der Angehörigen psychisch Kranker e.V. (Hg.) und als Autoren Deger-Erlenmaier, Wlater und Lisfsky 2001: 167-168)

Warum ist es so sinnvoll, dass sich die Angehörigen in Verbänden zusammenschließen? Die Landes- und Bundesverbände können eine große Stütze sein, in dem gute und schlechte Erfahrungen mit der psychiatrischen Versorgung durch die Ortsgruppen weiter getragen werden und so die Politiker und das Gesundheitswesen erreichen. Des Weiteren können große Verbände in der Gesellschaft etwas bewirken, so kann das Bild von psychisch Kranken und seiner Angehörigen korrigiert werden und so mangelndes Verständnis und Abwehr verringert werden. Angehörigenverbände können eine große Stütze für Angehörige sein. Durch die erlebte Solidarität mit anderen Angehörigen und dem intensiven Austausch kann neue Kraft geschöpft werden um weiterhin für den psychisch Erkrankten im Alltag eine wichtige Hilfe zu sein. Denn das Zusammenleben mit psychisch Kranken ist häufig eine große Anstrengung und mit vielen Unannehmlichkeiten und Konflikten verbunden, die für beide Parteien nicht immer einfach sind, aber für Angehörige eine besondere Belastung darstellen, weil der erkrankte Angehörige häufig abhängig von der Hilfe und Unterstützung ist. (vgl. Bundesverband der Angehörigen psychisch Kranker e.V. (Hg.) und als Autoren Deger-Erlenmaier, Wlater und Lisfsky 2001: 168-169)

5. Ausblick und Perspektiven

Die Entwicklung der Psychiatrie und ihrer Einrichtungen ist deutlich. Es findet eine Öffnung nach außen statt, in der nicht nur immer mehr „Fachleute" behandeln, betreuen und beraten, sondern auch Angehörige werden immer häufiger als Co-Therapeuten involviert. So werden Angehörige, wobei es heute noch häufig die Eltern oder Ehepartner des Patienten sind, über das Krankheitsbild, die Medikamente, Nebenwirkungen, Gefahren und Risiken bestimmter Behandlungen aufgeklärt. Dadurch verbringen Patienten heute durchschnittlich weniger Zeit in Psychiatrien als noch vor einigen Jahren. Viele Patienten kommen nur noch in akuten Krisen oder zur Medikamenten Ein- und Umstellung in die Klinik und werden ansonsten ambulant beim Psychologen, Psychotherapeuten oder in einer Tagesklinik betreut.

Die Arbeit der Aufklärung und Arbeit mit Angehörigen ist aber noch nicht am Ende angekommen. So müssen vermehrt auch die Kinder von Patienten, auch jüngere, über die Erkrankung aufgeklärt und betreut werden, weil sie täglich mit dem Patienten zusammenleben und auch sie verstehen sollten, warum „Mama manchmal so schlecht drauf ist" oder „Papa manchmal ganz anders ist". Besonders wenn sie älter werden, sind sie häufig zunehmend für ihre psychisch erkrankten Eltern eine Stütze im Alltag. Eine Rolle, der die meisten Kinder nicht gewachsen sind. Es besteht also noch ein großer Handlungsbedarf an dieser Stelle, besonders für die Fachleute, welche noch besser hinsehen müssen und alle Angehörigen, auch die noch so kleinen mit ins Team holen müssen. Deswegen müssen in Zukunft neue Fortbildungen geschaffen werden und neue Wege gefunden werden, um auch dieses Feld der Angehörigenarbeit bewusst nutzen zu können. Um Kindern eine Kindheit zu geben, trotz der Erkrankung ihrer Eltern.

Denn wie sich in den vorhergehenden Punkten gezeigt hat, liegt die Hauptlast der Betreuung von psychisch Kranken heute wieder bei der Familie und nicht mehr in großen Heil- und Verwahranstalten. Was ein guter Schritt in die, nach meiner Ansicht, richtige Richtung ist. Denn nur wenn wir die psychisch Kranken nicht abschieben, sondern ihnen in unserer Mitte helfen, können wir soziale Isolation von Patienten und Angehörigen vermeiden. Dazu brauchen wir aber neue Möglichkeiten, die Familien noch mehr in ihrer Aufgabe zu unterstützen und zu entlasten. Denn sonst haben wir am Ende zwar keine Isolation, aber viele Familien, die keine Kraft mehr haben, an sozialen und kulturellen Angeboten teilzunehmen.

Außerdem muss ein großer Bereich der Aufklärung auch den Umgang mit Psychopharmaka umfassen, denn nicht jeder psychisch Kranke braucht Medikamente. Aber häufig wird hier nicht unterschieden, weil Psychopharmaka den Umgang mit psychisch Kranken erleichtern. Aber hat nicht jeder Mensch ein Recht auf ein medikamentenfreies Leben? Vielleicht sollten auch Ärzte häufiger hinterfragt werden. Denn nur weil ein Medikament bei einem Patienten gut und richtig ist, muss es das nicht bei jedem mit ähnlichem Krankheitsbild sein. Auch darüber sollten Angehörige nachdenken und Ärzte gemeinsam mit allen Beteiligten beraten und zu einer gemeinsamen Lösung kommen.

Dazu möchte ich ein kurzes Beispiel aus der Arbeit mit psychisch erkranken Kindern erzählen. Hier werden Medikamente häufig eingesetzt, um hyperkinetische Störungen und Aufmerksamkeitsdefizite zu verringern. Häufig wird parallel dazu ein Verhaltenstraining mit Belohnungssystem durchgeführt. In der Regel kann man die Dosierung der Medikamente verringern oder sogar ganz absetzen und nur noch bei Bedarf Medikamente verordnen. So zum Beispiel auch bei N. Als er in der offenen Kinder- und Jugendpsychiatrie stationär aufgenommen wurde, bekam er mehrere ziemlich hoch dosierte Medikamente. Zwar war das Herabsetzen der Medikamente nicht nur für ihn, sondern auch für die Mitarbeiter sehr schwierig, weil zum Teil auch leichte Entzugserscheinungen auftraten und er auf Kleinigkeiten aggressiv reagierte. Aber nach einiger Zeit, viel Training und Zuwendung klappte es nicht nur in der Klinik, sondern auch an den Besuchswochenenden zu Hause wesentlich besser. Und auch die Eltern wurden einbezogen, so fand bis zu N. Entlassung regelmäßiges Elterntraining statt. Die Eltern lernten die Methoden des Verhaltenstrainings kennen und führten es zu Hause weiter durch. So konnten Fachleute, Eltern und Patient zur Entlassung wirklich guter Dinge sein, dass die Medikamente zwar noch genommen wurden, aber nur noch gut 1/3 der vorherigen Dosis und auch nur noch ein Medikament, statt zwei verschiedener.

Anhand so kleiner Erfolgsgeschichten zeigt sich, dass nicht nur die Medikamententherapie in der Psychiatrie eine große Rolle spielt, sondern auch das Miteinander verschiedener Fachleute, in diesem Fall die behandelnde Ärztin und die Erzieherin und das Miteinander der unterschiedlichsten Fachdisziplinen. So ist die Verhaltenstherapie eine Maßnahme, welche die Pädagogen durchführen, da vor allem die Erzieher der Station die Kinder und Jugendlichen täglich sehen und erleben und auch die Elternarbeit übernehmen. Für diese Aufgabe sind die Pflegekräfte der Station grundlegend nicht ausgebildet. So müssen diese für die Arbeit in der Kinder- und Jugendpsychiatrie erst fachfremde Fachdisziplinen für diesen Bereich erlernen. Leider sieht es so aus, dass immer weniger Erzieher/innen in den Psychiatrien mit Kindern arbeiten und auch die Sozialarbeiter häufig mehrere Stationen betreuen.

Denn obwohl die psychischen und Verhaltensstörungen, wie eingangs erwähnt, 22,4 Milliarden Euro verschlingen, geht viel Geld in die Beschaffung von Psychopharmaka und die Durchführung von Arbeitstherapien, Sport- und Freizeitbeschäftigungen so wie die ärztliche Behandlung. Aber es werden immer weniger Kräfte zur direkten Pflege am Patienten eingestellt. So arbeiten an den Wochenende im Durchschnitt auf einer Station für Akutpsychiatrie im AWO Psychiatriezentrum in Königslutter 2 Krankenpflegekräfte im Früh- sowie 2 Krankenpflegekräfte im Spätdienst und eine Krankenpflegekraft übernimmt den Nachtdienst. Diese Besetzung reicht für eine Beobachtung und Überwachung der Patienten, aber nicht für eine Betreuung oder intensive Beziehungsarbeit mit jedem Patienten. Und leider sehen Patienten ihren behandelnden Arzt einmal in der Woche zur Visite.

Daraus lässt sich für mich schließen, dass wir in Zukunft mehr Geld in die Betreuung von psychisch Kranken investieren müssen. Denn desto intensiver die Betreuung, desto eher können sie wieder in die Mitte der Gesellschaft zurückkehren. Es wäre zu überprüfen, ob nicht eine gezieltere Investition in die Betreuung langfristig die Menschen früher wieder stabilisiert. Dadurch würden die Kosten dauerhaft im Bereich der Fürsorgeleistungen gesenkt werden.

Ein weiterer Punkt, den es zu hinterfragen gilt, ist die Diagnose von psychischen Erkrankungen. Dazu wird der ICD 10 verwendet, in welchem Verhaltensweisen beschrieben werden.

„Hyperkinetische Störungen: Diese Gruppe von Störungen ist charakterisiert durch einen frühen Beginn, meist in den ersten fünf Lebensjahren, einen Mangel an Ausdauer bei Beschäftigungen, die kognitiven Einsatz verlangen, und eine Tendenz, von einer Tätigkeit zu einer anderen zu wechseln, ohne etwas zu Ende zu bringen; hinzu kommt eine desorganisierte, mangelhaft regulierte und überschießende Aktivität. Verschiedene andere Auffälligkeiten können zusätzlich vorliegen. Hyperkinetische Kinder sind oft achtlos und impulsiv, neigen zu Unfällen und werden oft bestraft, weil sie eher aus Unachtsamkeit als vorsätzlich Regeln verletzen. Ihre Beziehung zu Erwachsenen ist oft von einer Distanzstörung und einem Mangel an normaler Vorsicht und Zurückhaltung geprägt. Bei anderen Kindern sind sie unbeliebt und können isoliert sein. Beeinträchtigung kognitiver Funktionen ist häufig, spezifische Verzögerungen der motorischen und sprachlichen Entwicklung kommen überproportional oft vor. Sekundäre Komplikationen sind dissoziales Verhalten und niedriges Selbstwertgefühl." (Internationale Klassifikation der Krankheiten – ICD-10-GM 2011: 222)

Nach dieser Grundlage werden bei Kindern hyperkinetische Störungen diagnostiziert, dazu gibt es noch kleine Unterpunkte. Die Beschreibung ist jedoch sehr allgemein gehalten. So ist es bei den meisten Beschreibungen im ICD 10, so dass Diagnosen häufig auch nach Erfahrung des Arztes erfolgen. Aber ab wann hat ein Kind eine solche Störung und wann nicht? Es gibt keinen Test, welcher eine Diagnose voll stützen würde, keine Blutuntersuchung, kein EEG[6] und kein EKG[7] können die Diagnose bestätigen. So bleiben psychologische Diagnosen immer eine Entscheidung, die alleine der Arzt auf Grundlage von Beobachtung, Gesprächen und allgemeinen Definitionen stellt. Und anhand dieser Diagnose werden dann Medikamente verschrieben und Behandlungen durchgeführt.

Wie kommt es aber, dass es heute so viele Kinder mit Hyperkinetischen Störungen gibt? Woher kommen die vielen „ADHS-Kinder" die so viel Ritalin brauchen? Während der Recherchen fand ich keine für mich befriedigende Antwort auf diese Fragen. Aber es wird sich in den folgenden Jahren zeigen müssen, was aus den vielen Ritalin nehmenden Kindern wird, ob wir immer mehr Schulen für verhaltensauffällige Kinder brauchen, weil sich die Lehrer, Erzieher und Sozialarbeiter durch lebhafte Kinder immer schneller in die Ecke geschoben fühlen. So wird mir aus der Kinder- und Jugendpsychiatrie immer M. in Erinnerung bleiben. Er wurde stationär aufgenommen, weil die Erzieherinnen im Kindergarten den Eltern sagten, dass M. ADHS hat und dringend Medikamente braucht um weiterhin in den Kindergarten zu können. Der Hausarzt überwies M. zur genauen Diagnose und zur Einleitung einer medikamentösen Behandlung in die Kinder- und Jugendpsychiatrie. Hier wurde allen Beteiligten schnell deutlich, dass M. keineswegs ADHS hat, sondern ein Asperger-Autismus. Auf dieses Krankheitsbild muss natürlich anders reagiert werden, als auf ADHS. So werden keinerlei Medikamente verschrieben, sondern viel mehr die beteiligten Erwachsenen zu einer besonderen Verhaltensweise im Umgang mit dem Kind angeregt. Der Alltag wird so strukturiert und Strukturänderungen müssen sehr gut vorbereitet werden.

---

[6] Elektroenzephalografie (EEG) Messung der Gehirnaktivitäten.

[7] Elektrokardiogramm (EKG) Messung der Aktivitäten aller Herzmuskelfasern.

Es werden in Zukunft viele neue Entwicklungen in der Psychiatrie stattfinden. So hoffe ich, dass mehr Fachkräfte für Verhaltenstherapie auch mit dem Umfeld arbeiten. Die Gesellschaft muss einen neuen Umgang mit Diagnosen lernen. So wird von der Gesellschaft nicht jede Diagnose gleich bewertet. Die eben schon erwähnten ADHS oder ADS Diagnosen sind für die Gesellschaft keineswegs schlimm oder führen dazu, dass die Kinder ausgeschlossen werden. Dafür wird diesen Kindern häufig vieles nachgesehen. Das Kind kann schließlich nichts für die Aggressivität und die Unruhe, es hat schließlich ADHS. Aber macht das nicht den Eltern und ihren Kindern vieles ziemlich einfach? Wenn nicht mehr an einer Verhaltensverbesserung gearbeitet wird, weil es zu anstrengend ist, sondern Verhaltensweisen einfach toleriert werden? Und Patienten mit einer Schizophrenie-Diagnose weiterhin aus der Gesellschaft ausgeschlossen werden, weil sie sich nicht anpassen können, trotz Medikamente? Aber warum tolerieren wir das Verhalten der ADS-Patienten, wenn es gegen unsere Normvorstellungen geht und das von schizophrenen Patienten nicht?

Abschließend lässt sich sagen, dass die Entwicklung weder abgeschlossen ist, noch es jemals sein wird, weil sich die gesellschaftlichen Bedingungen immer ändern. Das ist auch gut so, denn nur so kann die Gesellschaft es irgendwann schaffen, dass alle Menschen nebeneinander und miteinander leben können, ohne das Diagnosen sie aus der Gesellschaft exkludieren, obwohl wir sie nicht nur integrieren, sondern inkludieren wollen.

Unser Bestreben für die Zukunft sollte es sein, dass Familien mit psychisch erkrankten Mitgliedern, egal ob es Kinder mit ADHS oder Erwachsene mit Schizophrenie sind, sich auf die Gesellschaft und ihren Rückhalt verlassen können. Denn nur dann sind psychisch Kranke kein Problem einzelner Familien mehr, sondern von uns allen. So weit ist die Gesellschaft aber derzeit lange noch nicht, weil die Augen vor Nebenwirkungen, Risiken, Problemen und Ängsten anderer verschlossen werden, denn „Happy-Pillen" und andere Tabletten werden das Problem schon lösen.

6. Literaturverzeichnis

Monogaphien:

Baierl, Martin (2009): Familienalltag mit psychisch auffälligen Jugendlichen. Ein Elternratgeber. Göttingen: Vandenhoeck & Ruprecht

Brückner, Burkhart (2010): Basiswissen: Geschichte der Psychiatrie. Bonn: Psychiatrie Verlag

Hattebier, Edda (1999): Reifeprüfung. Eine Familie lebt mit psychischer Erkrankung. Bonn: Psychiatrie Verlag

Köhler, Henning (2002): War Michel aus Lönneberga aufmerksamkeitsgestört? Der ADS-Mythos und die neue Kindergeneration. Stuttgart: Verlag Freies Geistesleben

Lütz, Manfred (2010): Irre! Wir behandeln die Falschen. Unser Problem sind die Normalen. Gütersloh: Gütersloher Verlagshaus

Shorter, Edward (2003): Geschichte der Psychiatrie. Hamburg: Rowohlt Taschenbuch Verlag

Sammelband

Bundesverband der Angehörigen psychisch Kranker e.V. (Hg.) (2001):Mit psychisch Kranken leben. Rat und Hilfe für Angehörige. Bonn: Psychiatrie Verlag

Duden (2001): Das Fremdwörterbuch. Mannheim: Bibliographisches Institut & F.A. Brockhaus AG

Schmitt, Wolfram (Hrsg.) (1997): Heilen – Verwahren – Vernichten. Mochenthaler Gespräche zur Seelenheilkunde. Reichenbach: Verlag Kommunikative Medien und Medizin → Vanja, Christina (1997): Die frühneuzeitliche Entwicklung des Psychiatrischen Anstaltswesens am Beispiels Haina/Hessen. Auf den Seiten 29-44

Internet:

www.textlog.de/29540.html Datum: 19.05.2011 Als Auszug aus Dornbluth,Otto (1927): Klinisches Wörterbuch in der 13/14 Auflage

http://www.uni-protokolle.de/Lexikon/Bethlehem_Hospital.html Datum: 19.05.2011

Internet Seite des Statistischen Bundesamts:
http://www.destatis.de/jetspeed/portal/cms/Sites/destatis/Internet/DE/Presse/pm/2004/07/PD 04__288__23631.psml

17

http://www.onmeda.de/lexika/persoenlichkeiten/pinel.html Stand: 31.05.2011

Andere Informationsquellen:

Gespräche mit einer Krankenschwester mit Zusatzausbildung als Fachkraft für Sozialpsychiatrische Betreuung

Meine eigenen Erfahrungen aus der Arbeit in der Kinder- und Jugendpsychiatrie

Lightning Source UK Ltd.
Milton Keynes UK
UKHW01f1836191018
330853UK00001B/355/P

9 783656 412106